QUESTION

DU SIÈGE

DE LA PRÉFECTURE

DE LA

CHARENTE-INFÉRIEURE,

PAR SERS.

PRIX : 30 C.

ROCHEFORT,

Imprimerie de E. DERUSSAT, rue Saint-Pierre, 116.

—

1844.

APPEL AUX CITOYENS

DE LA

CHARENTE-INFÉRIEURE,

Afin d'obtenir le rétablissement de la Préfecture à Saintes, centre du département.

PRIX : 30 C.

ROCHEFORT,

IMPRIMERIE DE E. DERUSSAT,

rue Saint-Pierre, 115.

1844.

APPEL

AUX CITOYENS

DE LA

CHARENTE-INFÉRIEURE,

Afin d'obtenir le rétablissement de la Préfecture à Saintes, centre du département.

Si nous nous reportons au-delà de la grande révolution française qui déversa sur notre territoire des torrents de lumière, à cette époque la France se trouvait divisée en provinces; chacune de ces provinces é-

dans des détails et des réflexions nécessaires à notre sujet :

Dans les chefs-lieux de département on remplaça les intendants par des administrateurs de département. Ces administrateurs furent choisis par les citoyens qui se réunissaient alors en assemblées communales.

Les subdivisions départementales reçurent le nom de district, et l'administration de ces districts appartint à une autorité inférieure, mais toujours nommée par les électeurs. Ce système présentait aux citoyens l'avantage d'être régis par des hommes de leur choix, pris dans les localités.

Mais cet ordre de choses, ce système empreint de couleurs républicaines fut attaqué par Bonaparte; le grand homme dont nous mesurons l'ambition au génie, détruisit les administrations collectives de département et de district auxquelles il substitua la création des Préfets et des Sous-Préfets. Cette mesure donnant plus de force au chef du gouvernement pour l'exécution de ses ordres absolus, il la fit sortir de ses grandes conceptions, et par ce fait acheva de résumer en lui tous les pouvoirs : il se constitua État !

Cet acte despotique chassa des fonctions publiques les seuls et véritables mandataires du peuple ; hommes abordables en tout temps, Magistrats connus des masses et ayant leur confiance, à laquelle ils répondaient par une justice bien comprise et bien appliquée ; tandis que les nouveaux fonctionnaires, hommes du pouvoir, devinrent plus accessibles aux classes élevées dont le pouvoir redoute toujours l'influence.

Soit dit ici, en attendant que cette vérité reçoive plus loin son application : les lois et les autorités populaires sont essentiellement nécessaires aux classes inférieures à l'effet d'obtenir justice : La haute bourgeoisie, par sa fortune, son éducation, ses rapports de société compte avec confiance sur la protection des grands, mais en est-il de même du prolétaire sans fortune, qui ne se recommande que par son bon droit?

Passant rapidement en revue, depuis 93, les changements de justice distributive qu'entraînent avec eux la nature des divers gouvernements; assistant aussi à l'installation du siège départemental dans la ville de Saintes, centre du département de la Charente-Inférieure, nous arrivons à l'époque du couronnement de l'Empereur.

Lors de l'établissement de l'empire, quarante villes de France, dans la personne de leurs maires, obtinrent la prérogative d'assister à cette cérémonie. La Rochelle fut comptée au nombre de ces villes.

Quelques années après, Saintes perdit le

siège de la préfecture, dont la translation se fit à la Rochelle: des influences de localité, appuyées sans doute de la protection et de la volonté du maître, avaient approprié à cette dernière ville les avantages d'une meilleure position. Ainsi l'autorité souveraine aurait résisté pendant cinq ans à accorder cette faveur, le décret qui ordonne la translation de la Préfecture n'ayant été rendu que le 19 mai 1810.

Cette translation est-elle équitable et dans l'intérêt des administrés? C'est la proposition dont nous nous occuperons dans notre prochain article.

II.

Nous avons parlé, dans notre premier article, de la translation de la Préfecture; nous rapportons le décret qui l'autorise :

Au palais de Bruges, le 19 mai 1810.

Napoléon, etc.

Avons décrété et décrétons ce qui suit :

A dater du premier juillet 1810, le siège de la préfecture et de l'administration de la Charente-Inférieure sera transporté de Saintes à la Rochelle.

NAPOLÉON.

Ainsi pas de motifs émis, pas le moindre considérant qui explique la rigueur de cette mesure : je l'ordonne ! signé : Napoléon, et l'acte est irrévocablement consommé.

Quand la volonté d'un homme est la loi du pays, la justice devient un vain mot, car l'œil de l'absolutisme, l'œil du maître qui dit j'ordonne, ne voit les droits du peuple qu'à travers le prisme trompeur de l'intrigue, de la corruption et de la cajolerie, comme il n'entend les plaintes et les réclamations de ce même peuple, que par la bouche de gens souvent influencés par l'amorce de la cupidité ou l'obsession de prétentions spoliatrices.. La Charente-Inférieure offre le triste exemple de cette vérité : le grand corps politique qui divisa la France et plaça si sagement l'autorité administrative dans la ville la plus centrale de chaque département : heureuse image du cœur placé dans la poitrine comme centre de notre organisation, qu'il alimente par tous les canaux de la vie jusqu'à ses extrémités ; ce grand corps politique qui établit à Saintes le siège de la préfecture, vit bientôt enfreindre, à l'aide de machinations coupables, l'ordre admirable

tait confiée à des intendants administrateurs; enfin ces diverses parcelles territoriales subirent des subdivisions soumises à des subdélégués.

L'Assemblée Constituante décréta une nouvelle division du territoire; le nom de province disparut, remplacé qu'il fut par les départements, auxquels on affecta une nouvelle circonscription. Les chefs-lieux de département furent placés, autant que possible, dans les villes les plus centrales, ou, en d'autres termes, dans les localités les plus convenables aux intérêts des administrés. — L'autorité créatrice choisit, dès le principe, la ville de Saintes pour être et demeurer le chef-lieu du département de la Charente-Inférieure.

Il est intéressant pour les hautes questions de convenances et de justice que nous développerons dans la suite, d'entrer ici

de ses combinaisons par un enfant de la république, qui, proclamé empereur par la force des baïonnettes, du canon et de son génie entreprenant, ne signa plus ses décrets que de la pointe de son épée.

Si l'on en croit, cependant, une version généralement accréditée, l'intrigue seule n'aurait pas déterminé cette résolution si fatale aux intérêts de l'immense mojorité des administrés de notre département; voici le fait :

Un bal fut donné à la préfecture de la Charente-Inférieure, dont le siège se tenait alors à Saintes. La femme d'un ministre, esclave et exécuteur des volontés de Bonaparte, assista à cette fête improvisée en son honneur; mais il paraîtrait que la grande dame s'y serait présentée en costume de cour, c'est-à-dire en robe décolletée au point de montrer les épaules entières dans toute leur blanche et lascive nudité. Cette nouveauté blessa la pudeur des dames Saintaises qui, ne prévoyant pas, sans doute, les suites fâcheuses du mécontentement de la favorite de l'Empereur, se retirèrent de la soirée, en signe visible de leur improbation.

Cette nouvelle, propagée avec éclat et méchanceté (car partout il se trouve des esprits caustiques), piqua naturellement, comme on le pense, la susceptibilité de la puissante dame : son amour-propre blessé éveilla bientôt en elle le désir de se venger.

La Rochelle saisit avec empressement cette chance de succès que lui offrait le hasard.

Le bal le plus brillant fut offert à son tour par la patrie de Guyton, à l'épouse du favori de Bonaparte; mais les élégantes Rochelaises, d'une chasteté moins ombrageuse que celle des dames Saintaises, loin de se scandaliser des modes de la Cour, les rivalisèrent au contraire à l'aide du ciseau des plus habiles tailleuses, mis sur le champ en réquisition.

De ce jour, l'ambition d'un côté, la vengeance de l'autre, formèrent un nœud d'intrigue qui fit transporter, de Saintes à la Rochelle, le siège de la préfecture ; et le département tout entier de la Charente-Inférieure eut à gémir de ces funestes résultats, comme il nous est facile de le démontrer.

III.

Avant de poursuivre cette discussion, ce matin encore j'ai jeté les yeux sur la carte de notre département, et, le compas à la main, j'ai mesuré le point central de la Charente-Inférieure : c'est la ville de Saintes qui l'occupe incontestablement. Quatre localités, chefs-lieux d'arrondissement, entourent cette ancienne métropole, à des distances à peu près égales ; ce sont Rochefort, Saint-Jean-d'Angély, Jonzac et Marennes : la Rochelle s'y trouve placée dans la partie nord, presque sur les confins. Ainsi la translation de la préfecture, de Saintes à la Rochelle, est donc, dans l'intérêt des administrés, une injustice déplorable matériellement prouvée. Maintenant, pourquoi y a-t-il injustice ?

Le siège de la préfecture entraîne avec lui la résidence de tous les chefs des grandes administrations : Directeur de l'enregistrement et des domaines, Directeur des contributions directes, celui des contributions indirectes, Payeur et Receveur généraux, Ingénieurs en chef des ponts et chaussées, celui des ports de commerce, timbre, etc.

L'institution de ces autorités supérieures a deux buts : le premier, de veiller à ce que les administrateurs d'un ordre inférieur exercent les attributions qui leur sont dévolues d'une manière légale, consciencieuse et impartiale ; le second, d'examiner avec équité les réclamations des administrés dont les droits pourraient être froissés par le mauvais vouloir ou l'injustice des fonctionnaires publics sous l'administration desquels ils sont placés.

Eh bien, si l'intention du législateur, en créant ces autorités supérieures, a été dictée par le sentiment tout équitable de placer l'administré, blessé dans ses justes prétentions, sous la puissante protection d'un directeur général ; autre considération : si l'assemblée constituante à fixé le siège de la préfecture dans le lieu le plus central du département, afin que des points les plus éloignés de cettecirconscription, justice fût rendue le plus économiquement possible à tous les citoyens, je le demande avec la carte sous les yeux, la translation de la préfecture à la Rochelle n'est-elle pas une déplorable anomalie? l'arrondissement de Jonzac, principalement, dont les confins touchent le Périgord, n'est-il pas frappé d'impuissànce à l'effet departiciper à la justice administrative, par la distance épouvantable qui le sépare de la cité privilégiée où réside l'autorité supérieure?

Je passe à de nouvelles considérations, par exemple à celles qui se rapportent aux travaux d'utilité publique: c'est en même temps une question de finances, partant, elle intéresse la généralité des administrés. Examinons donc si les principaux travaux d'utilité publique, exécutés depuis plusieurs années dans le département de la Charente-

Inférieure, tournent au profit du plus grand nombre, ou si les fonds votés à l'occasion de ces travaux n'auraient pas dû être appliqués au contraire à des entreprises plus urgentes et plus dans l'intérêt des contribuables.

Je soutiens que le vœu de la loi, dont la sollicitude protège principalement à ce sujet les avantages de tous les citoyens pris en masse, n'a pas rigoureusement présidé à l'allocation des fonds.

Dans un prochain article,

1° J'offrirai cette preuve;

2° J'indiquerai la cause du mal;

3° Je proposerai le remède qui seul peut rétablir dans leur état normal les parties souffrantes du département;

4° Je dirai les moyens légaux qui sont en la puissance de tous les cantons de la Cha rente-Inférieure, à l'effet d'arriver à la réhabilitation de leurs droits.

J'écris sous l'inspiration de la conviction et du sentiment profond de la justice ; si mon contrôle blesse des privilèges emportés d'assaut par la cabale, que les organes de la ville favorisée au détriment d'une population tout entière entrent en lice : je les attends.

IV.

Il est nécessaire ici de dire les raisons qui m'ont porté à publier cette brochure :

Il y a peu de jours encore, j'étais attaché, en qualité de rédacteur, à un journal de Rochefort, dans lequel je devais traiter la question qui nous occupe. Déjà deux premiers articles avaient été insérés, quand des difficultés s'élevèrent à l'occasion du troisième : une vanité ridicule imposa des exigences que ma plume ne pouvait admettre ; à chacun ses œuvres. Par suite éclata une rupture qui ne me permit plus de continuer mon travail.

Il fallait donc ou renoncer à mon entreprise ou recourir à de nouveaux moyens de publicité ; la pensée d'un petit livre, dans lequel il me serait loisible de traiter cette matière avec une entière indépendance étant venue s'offrir à mes réflexions, je l'ai mise à profit.

Je l'avoue, après avoir entamé cette grave question, la laisser inachevée m'eut été pénible, je tiens à prouver qu'une iniquité aussi flagrante que celle dont notre département s'est vu frappé, ne peut pas rester debout devant la volonté persistante et les réclamations légales de cinq arrondissemens contre un seul. Ces explications données, je reprends mon sujet.

PREMIÈRE PROPOSITION.

L'allocation des fonds votés pour les travaux d'utilité publique n'a pas toujours tourné au profit du plus grand nombre des administrés.

Sans entrer ici dans le dénombrement complet des faits qui se rapportent à mon assertion, il suffit d'en citer quelques exemples et la preuve sera acquise : ainsi la Rochelle possède un bassin à flot construit depuis plus de quarante ans ; cet emplacement a toujours répondu grandement au besoin du commerce de cette ville ; cependant la Rochelle a voulu un plus grand bassin creusé en dehors du port, et des travaux inutiles, nuisibles même à la défense de la place, ont été entrepris sans que l'on prît en considération une dépense de trois millions au moins qui eussent été bien plus équitablement répartis sur toute l'étendue du département. Ce bassin forcément destiné à être battu en plein par les vents les plus redoutables de nos côtes, ceux de Sud-Ouest, d'Ouest et de Nord-Ouest, sera inévitablement exposé aussi aux envasemens, puisque son entrée donne sur le chenal qui conduit la marée dans le port de la Rochelle. Je poursuis.

On affecte annuellement quarante ou cinquante mille francs à l'enlèvement des vases du port de la Rochelle; la totalité du déblai s'opère en quatre ans, un quart chaque année; mais la mer rapportant une quantité de vase égale à celle qui s'enlève chaque saison, il résulte de cet inconvénient que notre département doit supporter un impôt perpétuel de cinquante mille francs par an, pour la plus grande commodité du commerce Rochelais. Un dernier exemple.

A l'imitation de la Rochelle, Saint-Martin, (Ile de Ré) a voulu, lui aussi, un bassin des plus spacieux, comme si l'importance commerciale de cette petite localité pouvait jamais nécessiter des dépenses aussi considérables : huit ou neuf cent mille francs ont été pourtant employés à doter ces heureux insulaires d'un avantage fort coûteux aux contribuables du département tout entier, et seulement agréable aux quelques patrons de petits navires qui vont chercher dans ce port leur chargement de sel. Il est donc à désirer que les fonds accordés aux travaux d'utilité publique ne soient pas appliqués, en aussi grande partie, à la Rochelle et à son entourage, quand, sur tant de points du département, des besoins plus pressants se font sentir.

D'où vient le mal?

D'abord, les conseillers de préfecture sont nécessairement pris au chef-lieu de département, la modicité des appointemens qu'on leur alloue ne permettant pas de les choisir ailleurs; ces employés sont généralement sollicités par l'ambition importune et insatiable de la ville privilégiée qui voudrait tout envahir, tout accaparer au profit de ses intérêts particuliers; ensuite les agents des bureaux, qui sont également pris au chef-lieu, se trouvent aussi assiégés par les mêmes exigences; de manière que tout le personnel qui concourt et travaille aux décisions administratives fait valoir l'influence de localité.

J'ajoute à cette considération remarquable, que la Rochelle n'étant pas le point central de la Charente-Inférieure, mais au contraire une de ses limites, le Prefet et les Ingénieurs en chef dont la résidence est à cette extrémité ne peuvent pas visiter assez souvent toutes les parties du département où des améliorations de première nécessité auraient plus souvent besoin d'être apportées.

Est-il un remède à ce déplorable état de choses, et par quels moyens notre département peut-il arriver à obtenir justice?

Incontestablement les iniquités commises par un gouvernement sans autre règle de conduite que sa despotique volonté, peuvent-être, je dirai mieux, doivent être réparées par le pouvoir plus juste plus national qui lui succède; c'est donc aux citoyens, victimes de l'arbitraire, qu'il appartient de réclamer justice. Mais par quels moyens, et à quelle autorité seront adressées les réclamations? Par quels moyens? ceux qui résultent de la loi: dans un gouvernement constitutionnel ce sont les seuls admissibles. à quelle autorité doivent-elles être adressées? Oh! certes, ce ne sera pas à ces fonctionnaires publics dont les plaisirs pourraient être contrariés par un changement de résidence, que la voix du peuple se fera entendre, mais bien au chef suprême de l'État, à celui que la confiance nationale a placé sur le trône pour que les droits des citoyens et des départemens ne fussent pas éternellement méconnus.

C'est pourquoi, sans entrer dans de nouvelles considérations, je proposerais à chacun des cantons du département de la Charente-Inférieure, de dresser une pétition qui pourrait-être formulée en ces termes:

SIRE,

*Les habitans du canton de *** arrondissement de *** département de la Charente-Inférieure, ont l'honneur d'exposer à Votre Majesté,*

Que lors de la nouvelle division du territoire Français en départements, la ville de Saintes, point central de la Charente-Inférieure, fut désignée par l'assemblée constituante, comme devant être le siége de l'autorité supérieure.

Depuis, par décret de l'Empereur, en date du 19 mai 1810, la préfecture a été transportée à la Rochelle, ville située à l'une des extrémités du département.

Cette mesure, dont rien ne peut expliquer la rigueur, compromettait évidemment les intérêts d'une populatation de quatre à cinq cents mille habitans.

La masse des administrés conserva longtemps l'espoir qu'un gouvernement équitable lui ren-

drait les droits dont le pouvoir créateur l'avait mise en possession ; mais ses espérances ont été trompées jusqu'à ce jour.

Cependant l'immense majorité des citoyens de la Charente-Inférieure, doit-elle être ainsi privée à perpétuité, des avantages accordés aux autres départemens de la France?

Sire, Votre Majesté décidera de la question :

*Les habitans du canton de *** animés par la confiance que leur inspire la justice de Votre Majesté, comme roi et comme protecteur du peuple, vous supplie d'ordonner que le siége de la préfecture de la Charente-Inférieure soit rétabli à Saintes, ville centrale de notre département.*

V.

SAINTAIS,

En livrant à la publicité quelques unes de mes pensées sur cette importante question, qui met aux prises les avantages de tant de milliers de citoyens contre une seule ville et son entourage, je ne me suis point fait illusion sur le résultat de cet appel aux hommes de cœur et de bonnes intentions : ce petit livre sera bien ou mal accueilli selon qu'il tombera dans les mains d'un lecteur dont les intérêts seront liés soit au maintien de la préfecture à la Rochelle, soit à son rétablissement à Saintes, car malheureusement aujourd'hui, l'intérêt est le seul mobile de nos actions. Puis la question et le petit livre tomberont tous deux dans l'oubli; c'est du moins la pensée des Rochelais, car ces messieurs, permettez-moi de vous le dire, ne vous accordent aucune énergie, aucun élan de patriotisme, rien, pas même le courage de défendre vos droits ; ils disent que votre ville entière est sous la dépendance absolue de cinq ou six familles de vieille souche, dont l'orgueil aristocratique voit avec satisfaction l'autorité supérieure, qui éclipserait leur ascendant, résider loin de la cité où elles ont fondé leur petite souveraineté.

Ceci pouvait être vrai sous l'empire, époque à laquelle la noblesse, dans ses sourdes conspirations, cherchait à éviter le contact gênant des agents de l'autorité impériale ; mais depuis la fatale journée du 19 mai 1810, près d'un demi-siècle s'est écoulé; l'indépendance s'est implantée sur tous les points du territoire, et la noblesse—Que justice lui soit rendue—S'est rapprochée non seulement du gouvernement, mais aussi de la classe bourgeoise, avec laquelle nous la voyons chaque jour fraterniser et vivre en réciprocité de bons offices.

Or, si comme je le crois, Saintais, votre ville a secoué la poussière féodale des temps passés; si une jeunesse libérale, généreuse, énergique, pleine de résolution a remplacé la vieille génération dont les Rochelais ridiculisent la mémoire; oh ! alors la question se dressera imposante et empruntera de vos réclamations une grande partie de sa force et de son autorité, car c'est à vous les premiers, qu'il appartient de demander réparation de l'iniquité gouvernementale qu'un pouvoir despotique a voulue, et que la complaisance a maintenue depuis, sans aucune considération pour la classe nombreuse des administrés dont les réclamations partielles ont été rejetées tant de fois par le superbe dédain de l'autorité supérieure.

A l'exemple de leur ancienne métropole,

les cantons de la Charente-Inférieure, que des sentiments de justice ou les avantages de leur position géographique rendent favorables au point central du département, signeront dans leurs localités respectives la pétition qui exprime au chef suprême de l'état le vœu d'un pays trop longtemps victime d'un acte arbitraire.

Un droit incontestable, les réclamations de l'immense majorité des citoyens, les précédents posés par l'assemblée constituante, tout appuie votre cause, il est vrai, mais préparez-vous cependant à soutenir une lutte difficile, car une fois la question sérieusement engagée, vous aurez à vaincre la ferme résistance, l'active et infatigable cabale de la Rochelle, si jalouse de conserver la prérogative qui augmente, à votre détriment, sa richesse et sa prospérité.

Vous devez donc, ô Saintais, dans l'intérêt du département, composer d'abord un comité qui sera chargé de correspondre, dans chaque localité, avec les patriotes les plus dévoués au bien public. Les pétitions s'étant couvertes de signatures, une députation de deux ou trois citoyens de votre ville, à laquelle pourront se joindre les délégués des cantons pétitionnaires, se rendra auprès du Roi, assistée qu'elle sera, à n'en point douter, des mandataires de nos arrondissemens. Cette députation déposera entre les mains du chef suprême de l'État, l'expression de nos vœux, de nos besoins et de notre confiance.

Cette tâche, ô Saintais, serait-elle au dessus de votre énergie, de votre patriotisme et de votre dévouement? La plus ancienne cité de la vieille Saintonge ne compterait-elle pas seulement dans ses murs trois hommes doués des vertus qui distinguent les bons citoyens? c'est impossible; au premier appel du département, qui réclame votre appui et votre concours, vous vous lèverez tous au contraire pour défendre les justes prétentions d'un nombre aussi considérable de réclamants. Le prix de votre dévouement sera la reconnaissance publique.

Vous serez les réparateurs du tort causé par un déplorable décret à l'honnête industriel, au marchand, au petit propriétaire, au laborieux ouvrier de votre cité ; toutes les communes de la Charente-Inférieure vous devront l'économie et la célérité que chacun pourra apporter alors dans ses relations avec les autorités administratives ; quel service signalé ne rendrez-vous pas surtout à ces malheureux habitants de certaines contrées de l'arrondissement de Jonzac, dont une grande partie a jusqu'à trente-huit lieues de distance à franchir, en hiver, dans des chemins impraticables, quand les besoins de ces administrés les appellent au chef-lieu de la Préfecture.

concours, [illegible]

[illegible]

[illegible] rendre, en hiver, dans des chemins impraticables, quand les besoins de leurs administrés les appellent au chef-lieu de la Préfecture.

DU MÊME AUTEUR.

EN VENTE

CHEZ MM. SCHWARTZ ET GAGNOT,

Quai des Augustins, 9, Paris.

VOYAGES

DE

L'ÉPERVIER,

CONTENANT

Une Étude de l'Homme et des Peuples,

PRIX : 2 FR.

INTÉRIEUR DES BAGNES

SUIVI

De la Physiologie du Galérien, de la Vie de deux Célèbres Forçats et d'une Anecdote Historique.

UN VOLUME IN-8°, PRIX : 1 FR.

COUPURES POLITIQUES,

Prix : 30 cent.

www.ingramcontent.com/pod-product-compliance
Lightning Source LLC
Chambersburg PA
CBHW060754280326
41934CB00010B/2488
* 9 7 8 2 0 1 1 2 9 8 5 6 0 *